Mi vida en una familia de acogida

escrito por **Mari Schuh** • arte por **Alice Larsson**

Publicado por Amicus Learning, un sello de Amicus
P.O. Box 227, Mankato, MN 56002
www.amicuspublishing.us

Editora: Rebecca Glaser
Diseñador de la serie: Kathleen Petelinsek
Diseñador de libro: Kim Pfeffer

Library of Congress Cataloging-in-Publication Data
Names: Schuh, Mari C., 1975- author. | Larsson, Alice, illustrator.
Title: Mi vida en una familia adoptiva / by Mari Schuh ; illustrated by Alice Larsson.
Other titles: My life with a foster family. Spanish
Description: Mankato, MN : Amicus Learning, [2025] | Series: Mi vida con... |
Audience: Ages 6-9 | Audience: Grades 2-3 | Summary: "Meet Shaylee! She likes gymnastics, art, and reading. She was also a foster child. Shaylee is real and so are her experiences. Learn about life with a foster family and subsequent adoption in this illustrated narrative nonfiction picture book for elementary students"—Provided by publisher.
Identifiers: LCCN 2023045321 (print) | LCCN 2023045322 (ebook) | ISBN 9781645499992 (paperback) | ISBN 9781645499732 (hardcover) | ISBN 9798892000666 (ebook)
Subjects: LCSH: Foster parents—Juvenile literature. | Adoption—Juvenile literature.
Classification: LCC HQ759.7 .S3718 2025 (print) | LCC HQ759.7 (ebook) |
DDC 306.874—dc23/eng/20231108
LC record available at https://lccn.loc.gov/2023045321
LC ebook record available at https://lccn.loc.gov/2023045322

Printed in China

Acerca de la autora

El amor de Mari Schuh por la lectura comenzó con las cajas de cereal en la mesa de la cocina. Hoy es autora de cientos de libros de no ficción para lectores principiantes. Con cada libro, Mari espera ayudar a los niños a aprender un poco más sobre el mundo que los rodea. Encuentra más información sobre ella en marischuh.com.

Acerca de la ilustradora

Alice Larsson es una ilustradora originaria de Suecia que vive en Londres. Creativa por naturaleza, le emociona poder conectar los personajes con las historias a través de su trabajo. Además de dibujar, a Alice le encanta pasar tiempo con su familia y amigos, además de leer libros y viajar, ya que así desata su creatividad.

¡Hola! Soy Shaylee. Podríamos tener mucho en común. Me gusta leer, hacer arte y pintarme las uñas. También me gusta hacer gimnasia y ser porrista. Puede que también seamos diferentes. Yo fui una niña de acogida. Déjame contarte sobre mi vida.

Cuando tenía dos años, mi mamá y mi papá biológicos tuvieron algunos problemas. Me querían, pero tuvieron dificultades para mantenerme segura. Una trabajadora social nos ayudó. Encontró padres de acogida para que me cuidaran durante un tiempo.

Los padres de acogida cuidan de los niños cuyos padres biológicos necesitan ayuda para cuidarlos. Convertirse en padres de acogida requiere tiempo, trabajo y entrenamiento.

Los padres de acogida ayudan hasta que las familias biológicas pueden hacerse cargo de los niños. Ese es el objetivo del cuidado de acogida. Pero a veces no funciona. Algunos niños son adoptados por sus padres de acogida.

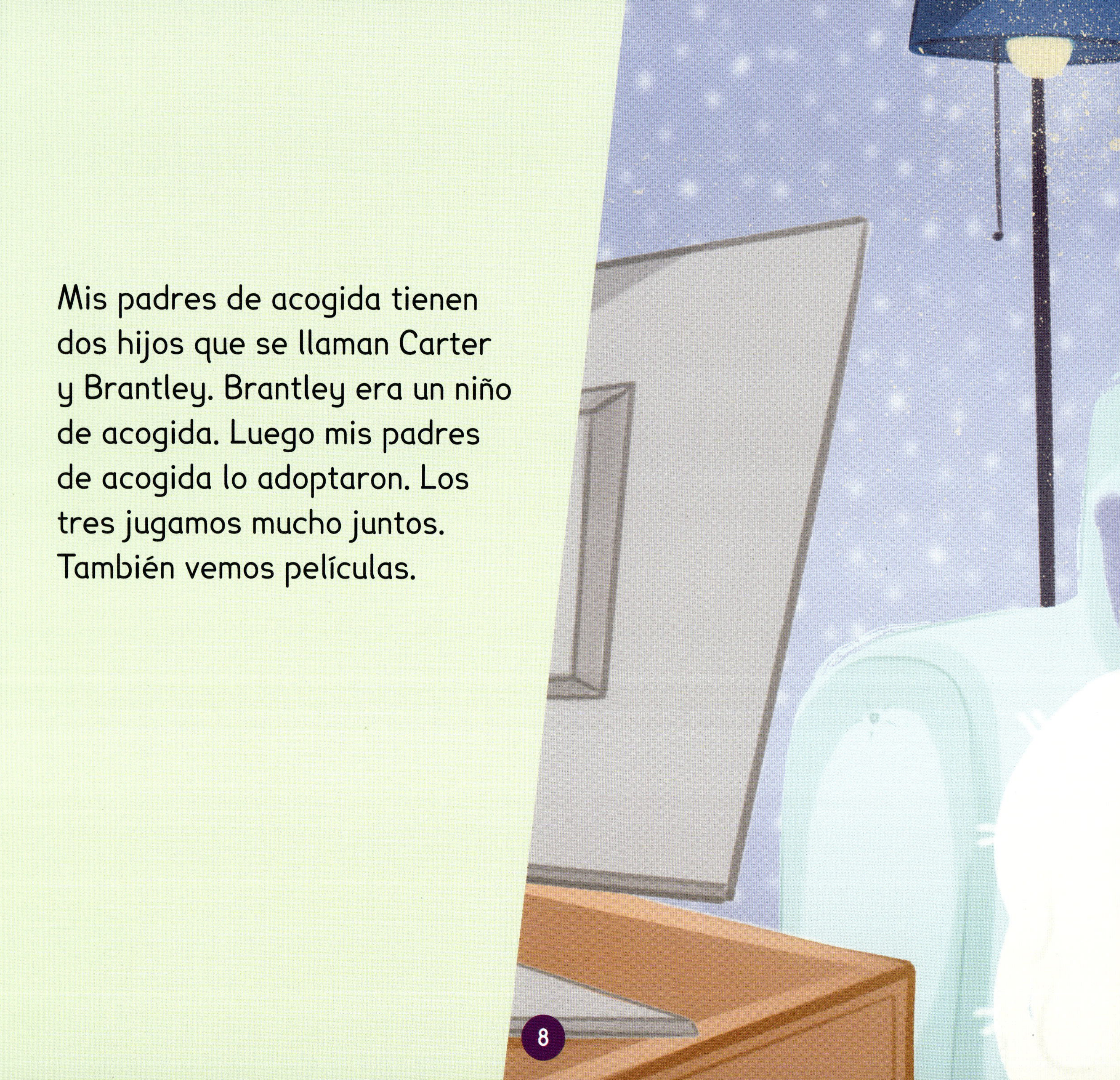

Mis padres de acogida tienen dos hijos que se llaman Carter y Brantley. Brantley era un niño de acogida. Luego mis padres de acogida lo adoptaron. Los tres jugamos mucho juntos. También vemos películas.

Ser niño de acogida es muy difícil y estresante. Lloré y grité. También tenía miedo. Cuando mi madre de acogida salía de la casa para ir de compras, yo tenía miedo de que no volviera.

Los días festivos también fueron difíciles. Era confuso tener dos familias. Para sentirme mejor, hablé con una terapeuta. Ella me ayudó.

Mis padres de acogida también recibieron a otros niños para hacerse cargo de ellos en forma temporal. Queríamos mucho a los niños y nos divertíamos mucho juntos. Luego teníamos que despedirnos. Sus familias biológicas podían volver a cuidar de ellos.

Decir adiós era difícil. Nos ponía tristes. Pero también nos alegrábamos de que las familias pudieran volver a estar juntas.

Después de unos dos años, mis padres de acogida decidieron adoptarme. Fueron a reuniones. Completaron muchos formularios. Tardaron casi un año en adoptarme. Era difícil ser paciente. Quería que me adoptaran enseguida.

El día que me adoptaron fue el mejor día de mi vida. Fuimos al juzgado, donde un juez hizo oficial la adopción. ¡Éramos una familia! Hicimos una fiesta para celebrarlo.

Después del día de mi adopción, mi familia y yo nos fuimos de vacaciones. No teníamos que pensar en reuniones ni en cuidados de acogida. Nos relajamos y nos divertimos.

A veces la gente me hace preguntas sobre mi familia. Me preguntan por qué no me parezco a mi mamá. Me preguntan si es realmente mi mamá. Les digo que sí, que es mi mamá.

Amo mucho a mi familia. También amo los animales. Durante mucho tiempo, tenía muchas ganas de tener un perro. ¡Por fin se cumplió mi deseo! Llamamos a nuestro perro Foster. Su nombre nos recuerda que el cuidado de acogida nos ayudó a convertirnos en una familia.

Conoce a Shaylee

¡Hola! Soy Shaylee. Vivo en Ohio con mi familia. Mis comidas favoritas son la pizza y los fettuccini alfredo. Me gusta jugar al aire libre con mis dos hermanos. Jugamos juntos al baloncesto y al hockey. También me gusta saltar en nuestra cama elástica. Cuando sea mayor, quiero ser maestra y entrenadora de gimnasia.

Respetar a los niños de acogida

Recuerda que hay todo tipo de familias. No preguntes a un niño de acogida o a un niño adoptado quiénes son sus "verdaderos" papás. Respeta su privacidad.

Ser un niño de acogida puede ser difícil. Puede hacer que algunos niños sientan ansiedad o miedo. Ser una persona amable ayuda mucho.

Escucha con atención. Intenta no hacer preguntas a los niños de acogida. En lugar de eso, deja que compartan sus pensamientos y sentimientos si así lo desean.

No intimides a los niños de acogida. Trátalos como te gustaría que te trataran a tí.

Los niños de acogida quieren divertirse, como todos los niños. Asegúrate de invitarlos a jugar contigo.

Términos útiles

adoptar Integrar legalmente a un niño en una familia.

estresante Tener una presión mental o emocional que puede provocar sentimientos fuertes.

juez Persona que escucha y decide casos en un tribunal.

objetivo Algo a lo que aspiras o por lo que trabajas.

oficial Aprobado por personas con autoridad.

paciente Estar tranquilo mientras se espera algo.

padre de acogida Un adulto entrenado para cuidar de un niño que no está emparentado con él por nacimiento o adopción.

terapeuta Una persona capacitada para ayudar a las personas con afecciones, trastornos o enfermedades a aprender nuevas habilidades.

trabajador social Una persona capacitada que ayuda a las personas y familias necesitadas.